Tanja Dostal

Schoko, Nougat, Nuss und Marzipan

Wunderbare Blechkuchen

Bassermann

Inhaltsübersicht

Wissenswertes

Rezepte

Mit verführerischer Schokolade

Riesengrosser Kuchengenuss

Blechkuchen sind beliebt bei Groß und Klein. Sie sind unkompliziert und schnell gebacken. Haben sich mal ein paar Freunde mehr eingeladen oder muss beim anstehenden Kindergeburtstag eine hungrige Meute verköstigt werden, so kommen Sie mit einem Blechkuchen noch lange nicht in Bedrängnis. Besonders lecker sind unsere Kombinationen mit beliebten Gaumenschmeichlern wie Schokolade, Nüsse, Marzipan und Nougat. Auch wenn diese Zutaten Sie ein wenig an Weihnachten erinnern, so sind unsere Kuchenkreationen rund ums Jahr einsatztauglich. Versuchen Sie doch einmal die Kombination aus Marzipan, Mohn und Aprikosen oder aus Nougat, Äpfeln und Streuseln. Läuft Ihnen schon das Wasser im Mund zusammen? Dann nichts wie ran ans Blech!

Königliche Zutaten

Wichtig beim Backen sind gute Zutaten. Deshalb hier eine kleine Warenkunde, in der Sie interessante Informationen über unsere Hauptdarsteller erfahren.

Schokolade

Einst von den Azteken als heilige Pflanze der Götter verehrt, dient die Kakaobohne heute als Grundlage für die Schokoladenherstellung. Je mehr Kakao und je weniger Zucker die Schokolade enthält, desto hochwertiger und edler ist sie. Bevor die Schokolade Ihren Gaumen verwöhnen kann, hat sie bereits einen sehr langen Weg hinter sich. Für die Schokoladenherstellung müssen zuerst die Kakaobohnen fermentiert, geröstet und gemahlen werden. Anschließend wird der Kakaomasse Kakaobutter, Zucker, Milchpulver und andere Zutaten zugesetzt. Im Folgenden wird die Schokolade gewalzt und conchiert. Beim Conchieren wird die Schokolade geknetet, gemischt, durchlüftet und verflüssigt. Dadurch wird der Geschmack verfeinert und die Schokolade bekommt einen zarten Schmelz. Die in vielen Rezepten verwendete Kuvertüre wird mit mehr Kakaobutter als Schokolade hergestellt, sodass sie geschmolzen besser fließt, beim Erstarren aber stabiler ist. Schmelzen Sie Schokolade oder Kuvertüre immer im heißen Wasserbad.

Nüsse

Harte Schale – wertvoller Kern. Nüsse waren lange als Dickmacher verschrien. Das jedoch völlig zu Unrecht, denn sie enthalten neben vielen Kalorien auch zahlreiche gesunde Nährstoffe. Allen voran die ungesättigten Fettsäuren, wichtig für das Herz und die Gehirnleistung. So deckt eine Handvoll Walnüsse bereits den Tagesbedarf an Omega-3-Fettsäuren. In unseren Rezepten kommen Nüsse gehackt, gemahlen oder gehobelt zum Einsatz. Beachten Sie, dass bereits zerkleinerte Nüsse schneller ranzig werden. Geöffnete Verpackungen bewahren Sie am besten luftdicht verschlossen im Kühlschrank auf. Möchten Sie den nussigen Geschmack noch intensivieren, so können Sie die Nüsse in einer Pfanne ohne Fett anrösten.

MARZIPAN

Es besteht aus einer Mischung aus Marzipan-Rohmasse und maximal der gleichen Gewichtsmenge Zucker. Die Qualität des Marzipans ist vom Zuckergehalt abhängig. Je weniger Zucker das Marzipan enthält, desto besser ist die Qualität. Marzipan-Rohmasse wiederum besteht aus zwei Teilen süßen Mandeln und einem Teil Zucker. Gutes Marzipan erkennt man an der Farbe. Es hat eine leicht gelbliche Farbe, während Marzipan mit einem hohen Zuckeranteil fast weiß aussieht.

NOUGAT

Nougat und Marzipan haben vieles gemeinsam. Sie werden beide hauptsächlich aus Mandeln bzw. Nüssen und Zucker hergestellt. Dennoch haben beide einen so unterschiedlichen Geschmack. Das liegt daran, dass bei der Nougatherstellung die nussigen Bestandteile vorher geröstet werden. Anschließend werden sie abgekühlt und gemahlen. Dabei entsteht eine dem Marzipan ähnliche Rohmasse. Der im weiteren Herstellungsverfahren Nusskrokant, Puderzucker, Kakaobutter, pflanzliches Fett, Kuvertüre, Vanillin und Milchpulver zugesetzt wird. Das Verhältnis zwischen Haselnüssen, Schokolade und Zucker entscheidet über den Geschmack und die Konsistenz, die cremig bis hart sein kann. Neben dem dunklen gibt es auch noch weißen Nougat. Dieser wird ohne Kakao hergestellt und zählt somit nicht zu den Schokoladenerzeugnissen.

TIPPS RUND UMS BACKEN

■ Vanillezucker können Sie auch ganz leicht selbst herstellen. Stecken Sie dazu bereits ausgeschabte Vanilleschoten einfach in ein Gefäß mit Zucker. Verschließen Sie es gut und lassen Sie den Zucker einige Tage durchziehen, bis sich das Aroma verbreitet hat. 1 EL Zucker entspricht dabei etwa 1 Päckchen Vanillezucker.

Geschmolzene Kuvertüre im Wasserbad.

■ Damit Ihnen das Backblech beim Ausrollen des Teigs nicht verrutscht, legen Sie einfach ein feuchtes Geschirrtuch darunter.

■ Benötigen Sie mal nicht ein ganzes Blech, so halbieren Sie einfach die Mengen der Zutaten und bereiten den Kuchen in einer Springform zu. Beachten Sie dabei, dass sich die Backzeit etwa um ein Drittel verkürzt.

■ Stellen Sie Hefeteig zum Gehen in den auf 30–35 °C vorgewärmten Backofen und decken die Schüssel mit einem Geschirrtuch ab.

■ Eine schöne Alternative zu Hefeteig ist ein Quark-Öl-Teig. Er ist schnell zubereitet und braucht keine Ruhezeiten. Für ein Backblech benötigen Sie 200 g Quark, 6 EL Milch, 8 EL Öl, 1 Ei, 150 g Zucker, 1 Pck. Vanillezucker, 1 Prise Salz, 400 g Mehl, 1 Pck. Backpulver. Alle Zutaten miteinander zu einem glatten Teig verkneten.

■ Möchten Sie Kuvertüre auf den Kuchen sprenkeln, so füllen Sie die zerkleinerte Kuvertüre in einen Gefrierbeutel, verschließen ihn und geben ihn in ein Wasserbad. Ist die Kuvertüre geschmolzen, einfach eine kleine Spitze vom Beutel abschneiden und loslegen.

Mit verführerischer Schokolade

Saftiger Schokoladenkuchen

FÜR DEN TEIG

250 g Butter
250 g Zartbitterschokolade
6 Eier
200 g Zucker
250 g gemahlene Mandeln
100 g Mehl

AUSSERDEM

Puderzucker zum Bestäuben

1 Butter und Schokolade unter Rühren in einem Topf schmelzen lassen. Abkühlen lassen.

2 Eier und Zucker schaumig schlagen, bis sich der Zucker vollständig gelöst hat. Die abgekühlte Butter-Schokoladen-Mischung dazugeben. Mandeln und Mehl mischen und gut unterrühren.

3 Backofen auf 180 °C (Gas Stufe 2, Umluft 160 °C) vorheizen. Ein Backblech einfetten. Teig auf das Blech geben und glatt streichen. Kuchen im heißen Backofen ca. 20 Minuten backen. Auskühlen lassen. Vor dem Servieren mit Puderzucker bestäuben.

Ingwerkuchen mit Schoko-Kokos-Haube

FÜR DEN TEIG

250 g weiche Butter
200 g Zucker
1 Pck. Vanillezucker
1 Prise Salz
4 Eier
350 g Mehl
1 TL Backpulver
6 EL Sahne
60 g Kakao
340 g Ingwermarmelade (1 Glas)

FÜR DEN BELAG

200 g Kokosflocken
½ l Milch
100 g Butter
100 g Zucker
120 g Weizengrieß

FÜR DIE GLASUR

50 g Kakao
4 EL Zucker
150 ml Milch
2 Eigelbe
125 g Kokosfett

AUSSERDEM

Kokosflocken zum Bestreuen

1 Backofen auf 180 °C (Gas Stufe 2–3, Umluft 160 °C) vorheizen. Das Backblech einfetten. Für den Teig Butter, Zucker, Vanillezucker und Salz zu einer cremigen Masse verrühren. Eier nach und nach unterrühren. Mehl und Backpulver mischen, sieben und nach und nach unterrühren. Sahne und Kakao unterrühren. Zuletzt die Ingwermarmelade untermengen.

2 Den Teig auf das Blech geben und glatt streichen. Im heißen Backofen 20–25 Minuten backen. Auskühlen lassen.

3 Für den Belag Kokosflocken in einer Pfanne ohne Fett hellgelb anrösten. Milch aufkochen, Butter darin schmelzen, Zucker und Kokosflocken einrühren. Grieß einrieseln lassen und verrühren. Topf vom Herd nehmen. Die Masse auskühlen lassen. Danach Grieß-Kokos-Masse auf dem gebackenen Kuchen verstreichen. Auskühlen lassen.

4 Für die Glasur Kakao und Zucker verrühren. Milch aufkochen, zum Kakao geben und glatt rühren. Eigelb hinzufügen und verrühren. Kokosfett schmelzen und nach und nach in die Ei-Kakao-Mischung rühren. Abkühlen lassen, dabei immer wieder umrühren, um eine homogene Glasur zu bekommen.

5 Auf die Kokosschicht geben und gleichmäßig verteilen. Kühl stellen. Vor dem Servieren mit Kokosflocken bestreuen.

Espressoecken

FÜR DEN TEIG

100 g Mokkaschokolade
250 g Margarine
100 g Zucker
1 Pck. Vanillezucker
1 Prise Salz
4 Eier
250 g Mehl
2 TL Backpulver
8 EL kalter Espresso
100 g gemahlene Mandeln
2 EL Rum

FÜR DEN GUSS

250 g Puderzucker
6–7 EL kalter Espresso
50 g Mokkaschokolade

1 Den Backofen auf 180 °C (Gas Stufe 2–3, Umluft 160 °C) vorheizen. Das Backblech einfetten. Mokkaschokolade reiben.

2 Margarine, Zucker, Vanillezucker und Salz schaumig rühren. Eier nach und nach unterrühren. Mehl und Backpulver sieben und abwechselnd mit dem Espresso unterrühren. Mokkaschokolade, Mandeln und Rum unterrühren.

3 Den Teig auf das Backblech geben und glatt streichen. Im heißen Ofen etwa 25 Minuten backen. Anschließend etwas abkühlen lassen.

4 Für den Guss Puderzucker sieben und mit dem Espresso verrühren. Auf dem Kuchen verteilen. Mokkaschokolade schmelzen, in eine Plastiktüte geben, eine kleine Spitze davon abschneiden und mit der Schokolade Linien auf den Kuchen ziehen.

Tipp

Die Schokolade lässt sich besser reiben, wenn sie kühl ist.

Schoko-Sahnekuchen mit Nussstreuseln

FÜR DEN TEIG

150 g weiche Butter
250 g Zucker
4 Eier
250 g Mehl
3 EL Kakao
1 Pck. Backpulver
125 ml kalter, starker Kaffee

FÜR DEN BELAG

600 g Sahne
3 Pck. Sahnesteif
200 g Schmand
1 Pck. Vanillezucker

FÜR DIE STREUSEL

100 g Butter
300 g gemahlene Haselnüsse
100 g Puderzucker

AUSSERDEM

Kakao zum Bestäuben

1 Backofen auf 160 °C (Gas Stufe 1–2, Umluft 150 °C) vorheizen. Das Backblech einfetten. Butter und Zucker schaumig rühren. Eier nach und nach unterrühren. Mehl, Kakao und Backpulver mischen, sieben und abwechselnd mit dem kalten Kaffee unterrühren.

2 Den Teig auf das Backblech geben und glatt streichen. Im heißen Backofen ca. 30 Minuten backen. Auskühlen lassen.

3 Für den Belag Sahne und Sahnesteif steif schlagen. Schmand und Vanillezucker unterheben und auf den abgekühlten Kuchen streichen.

4 Butter, Haselnüsse und Puderzucker zu Streuseln verarbeiten. Auf der Sahne verteilen und mit Kakao bestäuben.

Tipp

Besprenkeln Sie die Nussstreusel mit 100 g Zartbitterkuvertüre.
Der Kuchen schmeckt gekühlt am besten.

Schokoladen-Hefezopf

FÜR DEN TEIG

500 g Mehl
150 g Zucker
1 Pck. Vanillezucker
1 Pck. Trockenhefe
1 Prise Salz
60 g Butter
1–2 EL Kakao
250 ml lauwarme Milch
1 Ei
60 g gehackte Schokolade
100 g Rosinen

AUSSERDEM

3–4 EL Milch
Hagelzucker zum Bestreuen

1 Aus Mehl, Zucker, Vanillezucker, Trockenhefe, Salz, Butter, Kakao, Milch und Ei einen Hefeteig herstellen. Gehackte Schokolade und Rosinen unterkneten. Den Teig zugedeckt an einem warmen Ort 1 ½–2 Stunden gehen lassen. Dies geht sehr gut im Backofen bei ca. 30 °C.

2 Anschließend das Backblech mit Backpapier belegen. Den Teig nochmals durchkneten, in 3 Teile teilen und jeweils einen Strang daraus formen. Die Stränge zu einem Zopf flechten. Diesen auf das Backblech legen und nochmals ca. 30 Minuten gehen lassen.

3 Backofen auf 180 °C (Gas Stufe 2–3, Umluft 160 °C) vorheizen. Zopf mit Milch bestreichen und mit Hagelzucker bestreuen. Im heißen Backofen etwa 30 Minuten backen.

Tipp

Hier ist Geduld gefragt. Der Hefezopf braucht viel Zeit zum Gehen. Er passt sehr gut zu einem gemütlichen Sonntagsfrühstück.

Schokoladenkuchen mit Puderzucker

FÜR DEN TEIG

200 g Vollmilch-Kuvertüre
200 g Zartbitter-Kuvertüre
200 g weiche Butter
200 g Zucker
5 Eier
150 g Mehl

AUSSERDEM

Puderzucker zum Bestäuben

1 Backofen auf 200 °C (Gas Stufe 3, Umluft 180 °C) vorheizen. Das Backblech einfetten. Beide Kuvertüren grob hacken und im heißen Wasserbad schmelzen und abkühlen lassen.

2 Butter und Zucker schaumig rühren. Eier trennen. Eigelbe unterrühren. Abgekühlte Kuvertüre langsam unterrühren. Mehl sieben und nach und nach unterrühren. Eiweiße steif schlagen und unterheben.

3 Den Teig auf das gefettete Backblech geben und glatt streichen. Im heißen Backofen 30–35 Minuten backen. Auskühlen lassen und kurz vor dem Servieren mit Puderzucker bestäuben.

Schwarzwälder Kirschschnitten

FÜR DEN TEIG

4 Eier
90 g Zucker
100 g Mehl
20 g Speisestärke
1 TL Backpulver
2 TL Kakao

FÜR DEN BELAG

2 Gläser Sauerkirschen (à 720 ml)
130 g Zucker
30 g Speisestärke
500 g Quark (20 % Fett)
250 g Sahne
1 Pck. Sahnesteif
1 Pck. Vanillezucker

AUSSERDEM

Raspelschokolade zum Bestreuen

1 Backofen auf 180 °C (Gas Stufe 2–3, Umluft 160 °C) vorheizen. Das Backblech einfetten. Sauerkirschen in einem Sieb abtropfen lassen. Den Saft dabei auffangen.

2 Für den Teig Eier trennen. Eigelbe und Zucker schaumig schlagen. Mehl, Speisestärke, Backpulver und Kakao mischen, sieben und nach und nach unterrühren. Eiweiße steif schlagen und unterheben. Den Teig auf das Backblech geben und glatt streichen. Im heißen Backofen ca. 15 Minuten backen. Abkühlen lassen.

3 Für den Belag Kirschsaft und Zucker aufkochen. Stärke mit wenig Wasser glatt rühren, in den Saft einrühren und aufkochen lassen. Kirschen zugeben, unterrühren und abkühlen lassen.

4 Quark glatt rühren. Sahne, Sahnesteif und Vanillezucker steif schlagen und unter den Quark heben.

5 Den abgekühlten Teigboden quer halbieren. Eine Hälfte wieder auf das Blech legen, einen Backrahmen darum stellen und den Boden mit der eingedickten Kirschmasse bestreichen. Die zweite Teigplatte darauflegen.

6 Die Quarkcreme auf den Kuchen geben und glatt streichen. Kühl stellen. Vor dem Servieren mit der Raspelschokolade bestreuen.

Schoko-Butterkekskuchen

FÜR DEN TEIG

250 g Butter
200 g Zucker
1 Pck. Vanillezucker
4 Eier
325 g Mehl
2 ½ TL Backpulver
3 gestrichene EL Kakao
3–4 EL Milch

FÜR DEN BELAG

2 Pck. Sahne-Puddingpulver
1 l Milch
4 gehäufte EL Zucker
750 ml Sahne
2 Pck. Vanillezucker
2 Pck. Sahnesteif
2–3 EL Eierlikör
36 Schoko-Butterkekse

AUSSERDEM

Puderzucker zum Bestäuben

1 Das Backblech einfetten. Backofen auf 200 °C (Gas Stufe 3, Umluft 180 °C) vorheizen. Butter mit Zucker und Vanillezucker schaumig rühren. Eier nach und nach unterrühren. Mehl, Backpulver und Kakao sieben und esslöffelweise zusammen mit der Milch unterrühren.

2 Den Teig auf das Backblech streichen und im heißen Backofen 25–30 Minuten backen. Anschließend abkühlen lassen.

3 Den Pudding nach Packungsanleitung mit Milch und Zucker kochen und noch heiß auf dem Kuchen verteilen. Auskühlen lassen.

4 Sahne, Vanillezucker und Sahnesteif steif schlagen, Eierlikör vorsichtig unterrühren und alles auf dem Pudding verteilen. Anschließend die Schoko-Butterkekse darauf verteilen. Den Kuchen 4–5 Stunden, am besten über Nacht, durchziehen lassen, damit die Kekse weich werden. Kurz vor dem Servieren mit Puderzucker bestäuben.

Tipp

Legen Sie die Kekse mit der Keksseite flach auf die Sahneschicht, so können sie schön durchziehen und weich werden. Verwenden Sie auch mal die neue schokoladige Variante des Butterkeks, den Kakaokeks.

Affenschnitten

Für den Teig

5 Eier
250 g Zucker
⅛ l Öl
200 g Mehl
½ Pck. Backpulver
2–3 EL Kakao
⅛ l kalter Kaffee

Für den Belag

8 Bananen
Saft von 1 Zitrone
6 Blatt Gelatine
500 g Quark
125 g Zucker
1 Pck. Vanillezucker
500 g Sahne

Für den Guss

100 g Zartbitterschokolade
25 g Kokosfett
150 g Sahne

1 Backofen auf 180 °C (Gas Stufe 2–3, Umluft 160 °C) vorheizen. Eine Fettpfanne einfetten. Für den Teig Eier und Zucker schaumig rühren. Öl hinzugeben. Mehl, Backpulver und Kakao mischen, sieben und abwechselnd mit dem Kaffee unterrühren.

2 Den Teig in die Fettpfanne geben und glatt streichen. Im heißen Backofen 15–20 Minuten backen. Auskühlen lassen.

3 Bananen schälen, in Scheiben schneiden und mit dem Zitronensaft beträufeln. Auf dem Boden verteilen. Gelatine einweichen. Quark, Zucker und Vanillezucker verrühren.

4 Gelatine auflösen, etwas Quarkmasse dazugeben und verrühren. Das Ganze unter den restlichen Quark rühren. Sahne steif schlagen und unterheben. Die Creme auf die Bananen streichen und etwa 3 Stunden kühl stellen.

5 Für den Guss Zartbitterschokolade und Kokosfett im Wasserbad schmelzen. Sahne langsam unterrühren und das Ganze auf der Sahneschicht verteilen. Kühl stellen.

Stracciatellakuchen

FÜR DEN TEIG

300 g Margarine
175 g Zucker
2 Pck. Vanillezucker
4 Eier
300 g Mehl
3 TL Backpulver
300 ml Eierlikör
150 g Zartbitter-Schokostreusel

AUSSERDEM

Puderzucker zum Bestäuben

1 Den Backofen auf 180 °C (Gas Stufe 2–3, Umluft 160 °C) vorheizen. Das Backblech einfetten. Margarine, Zucker und Vanillezucker schaumig rühren. Eier nach und nach unterrühren.

2 Das Mehl und das Backpulver mischen, sieben und abwechselnd mit dem Eierlikör unter den Teig rühren. Die Schokostreusel ebenfalls unterrühren.

3 Den Teig auf das Backblech geben und glatt streichen. Im heißen Backofen 20–25 Minuten backen. Anschließend auskühlen lassen. Kurz vor dem Servieren mit Puderzucker bestäuben.

Tiramisu-Schokoladen-Rolle

Für den Teig

4 Eier
100 g Zucker
75 g Mehl
50 g Speisestärke
1 gehäufter EL Kakao
1 Prise Salz

Für die Füllung

3 Blatt Gelatine
300 g Mascarpone
4 EL Amaretto
50 g Zucker
1 Pck. Vanillezucker
300 g Schlagsahne

Zum Tränken

4 EL kalter Espresso
1 EL Amaretto
1 EL Kakao

Ausserdem

1–2 EL Kakao zum Bestäuben

1 Den Backofen auf 200 °C (Gas Stufe 3, Umluft 180 °C) vorheizen. Das Backblech mit Backpapier auslegen. Für den Biskuit Eier trennen. Eigelbe mit 3 EL heißem Wasser schaumig rühren. Zucker einrieseln lassen und weiter rühren.

2 Mehl, Speisestärke und Kakao mischen und auf die Eiercreme sieben. Vorsichtig mit einem Schneebesen unterheben. Eiweiße und Salz steif schlagen und unter den Teig heben.

3 Den Teig auf das Blech geben, gleichmäßig verteilen und im heißen Backofen ca. 12 Minuten backen. Biskuit auf ein angefeuchtetes Geschirrtuch stürzen, das Backpapier abziehen und den Biskuit zusammen mit dem Geschirrtuch aufrollen.

4 Für die Füllung Gelatine in kaltem Wasser einweichen. Mascarpone, Amaretto, Zucker und Vanillezucker verrühren. Gelatine ausdrücken und in einem kleinen Topf auflösen. Etwas Mascarponecreme zur Gelatine geben und alles zusammen in die Creme einrühren. Sahne steif schlagen und unterheben.

5 Espresso, 1 EL Amaretto und 1 EL Kakao verrühren. Biskuit auseinander rollen und damit tränken. Mascarponecreme auf den Biskuit streichen, dabei an der oberen Längsseite einen ca. 1,5 cm breiten Rand frei lassen. Die Rolle von der unteren Längsseite her aufrollen und mindestens 4 Stunden kühl stellen. Vor dem Servieren mit Kakao bestäuben.

Käsekuchen mit Nougat-Schokoladenguss

FÜR DEN TEIG

100 g Butter
180 g Zucker
1 Pck. Vanillezucker
2 Eier
375 g Mehl
3 TL Backpulver
1 Prise Salz

FÜR DEN BELAG

4 Eier
200 g Zucker
200 ml neutrales Öl
1 kg Magerquark
400 ml Sahne
1 Pck. Vanillepudding

FÜR DEN GUSS

150 g Nougatmasse
100 g Zartbitterkuvertüre

1 Backofen auf 180 °C (Gas Stufe 2–3, Umluft 160 °C) vorheizen. Eine Fettpfanne einfetten. Aus Butter, Zucker, Vanillezucker, Eier, Mehl, Backpulver und Salz einen glatten Teig kneten. Teig auf Blechgröße ausrollen und in die Fettpfanne geben.

2 Für den Belag Eier und Zucker schaumig schlagen. Öl unterrühren. Quark, Sahne und Puddingpulver ebenfalls unterrühren. Auf dem Boden verteilen und das Ganze im heißen Backofen ca. 60 Minuten backen. Auskühlen lassen.

3 Für den Guss die Nougatmasse und die Zartbitterkuvertüre im heißen Wasserbad schmelzen und miteinander verrühren. Auf dem Käsekuchen verteilen und mit einem Wellenkamm oder einer Gabel Wellen einzeichnen. Kühl stellen und Guss fest werden lassen.

Lebkuchenschnitten

FÜR DEN TEIG

30 g Zitronat
2 Eier
250 g Roh-Rohrzucker
60 g Apfelkraut
1 Fläschchen Rum-Aroma
1 Msp. gemahlener Piment
1 EL gemahlener Zimt
60 g geriebene Schokolade
120 g gehackte Mandeln
250 g Mehl
1 gestr. TL Backpulver

FÜR DEN GUSS

100 g Puderzucker

1 Backofen auf 200 °C (Gas Stufe 3, Umluft 180 °C) vorheizen. Das Backblech einfetten. Zitronat klein hacken.

2 Eier und 2 EL Wasser schaumig schlagen. Zucker langsam einrieseln lassen und unterrühren. Die Masse so lange schlagen, bis sie cremig ist.

3 Nach und nach Apfelkraut, Gewürze, Schokolade, Mandeln und Zitronat unterrühren. Mehl und Backpulver mischen, sieben und nach und nach unterrühren.

4 Den Teig auf das eingefettete Backblech geben und glatt streichen. Im heißen Backofen 15–20 Minuten backen.

5 Für den Guss Puderzucker mit 1–2 EL heißem Wasser glatt rühren und den noch heißen Kuchen damit bestreichen. Fest werden lassen.

Tipp

Apfelkraut ist ein aus Äpfeln hergestellter Brotaufstrich. Sie finden ihn in gut sortierten Supermärkten bei den Marmeladen.

Mit köstlichen Nüssen und Mandeln

Buttermilchkuchen mit Walnüssen

FÜR DEN TEIG

2 Eier
200 g Zucker
500 g Mehl
2 Pck. Backpulver
1 Prise Salz
400 g Buttermilch

FÜR DEN BELAG

250 g Walnusskerne
180 g Zucker
400 g Sahne

1 Backofen auf 180 °C (Gas Stufe 2–3, Umluft 160 °C) vorheizen. Das Backblech einfetten. Eier und Zucker schaumig rühren. Mehl, Backpulver und Salz mischen, sieben und abwechselnd mit der Buttermilch unterrühren.

2 Den Teig auf das gefettete Backblech geben und glatt streichen. Walnusskerne fein hacken, mit dem Zucker mischen und auf dem Teig verteilen.

3 Im heißen Backofen 30–40 Minuten backen. Anschließend mit der Sahne begießen und weitere 5 Minuten backen, bis die Walnusskruste braun ist. Die Sahne muss vollständig aufgesogen sein.

Nusskranz

Für den Teig

300 g Mehl
2 TL Backpulver
100 g Zucker
1 Pck. Vanillezucker
1 Ei
2 EL Milch
125 g Margarine

Für die Füllung

200 g gemahlene Haselnüsse
100 g Zucker
4–5 Tropfen Bittermandel-Aroma
1 Eiweiß

Ausserdem

1 Eigelb zum Bestreichen

1 Mehl und Backpulver mischen und in eine Schüssel sieben. Zucker, Vanillezucker, Ei, Milch und Margarine hinzufügen und alles zu einem Knetteig verarbeiten. Diesen ca. 30 Minuten kühl stellen.

2 Inzwischen für die Füllung gemahlene Haselnüsse, Zucker, Bittermandel-Aroma, Eiweiß und 4–5 Esslöffel Wasser mithilfe einer Gabel zu einer geschmeidigen Masse verarbeiten.

3 Den Backofen auf 200 °C (Gas Stufe 3, Umluft 180 °C) vorheizen. Den Teig zwischen 2 Stücke Backpapier auf eine Größe von ca. 30 x 40 cm ausrollen. Das obere Backpapier abziehen. Die Füllung mithilfe eines Messers auf den Teig streichen, dabei den Rand frei lassen. Mithilfe des unteren Backpapiers den Teig vorsichtig aufrollen und die Enden zusammendrücken.

4 Den Kuchen mit dem verquirlten Eigelb bestreichen und mit einem scharfen Messer oben zickzackförmig einschneiden. Den Kuchen mitsamt dem Backpapier auf ein Backblech geben und im heißen Backofen ca. 30 Minuten backen.

Pinien-Lavendel-Kuchen

FÜR DEN TEIG

200 g Pinienkerne
200 g weiche Butter
170 g Zucker
1 Pck. Vanillezucker
4 Eier
2 unbehandelte Limetten
1 TL getrockneter Lavendel
200 g Sahne
200 g Dinkelmehl
200 g Mehl
3 TL Backpulver

AUSSERDEM

100 g Zitronengelee

1 Das Backblech einfetten. Pinienkerne in einer Pfanne ohne Fett rösten, bis sie duften. Den Backofen auf 180 °C (Gas Stufe 2–3, Umluft 160 °C) vorheizen.

2 Für den Teig Butter, Zucker und Vanillezucker schaumig rühren. Eier trennen, dabei Eigelbe nach und nach einrühren. Limetten waschen, abtrocknen, die Schale abreiben und den Saft auspressen. Beides unterrühren. Lavendel und Sahne einrühren.

3 Dinkelmehl, Mehl und Backpulver mischen, sieben und nach und nach unterrühren. Eiweiße steif schlagen und unterheben. Einige Pinienkerne zum Bestreuen zur Seite legen. Den Rest unter den Teig heben.

4 Den Teig auf das Backblech geben und glatt streichen. Im heißen Backofen etwa 25 Minuten backen.

5 Zitronengelee mit etwas Wasser leicht erwärmen und mit einem Schneebesen glatt rühren. Auf den noch warmen Kuchen streichen. Die restlichen Pinienkerne darauf streuen.

Rhabarberkuchen mit Mandelbaiser

FÜR DEN TEIG

450 g Mehl
200 g Butter
150 g Zucker
1 Pck. Vanillezucker
6 Eigelbe

FÜR DEN BELAG

1 ½ kg Rhabarber
200 g Zucker
6 Eiweiße
100 g gemahlene Mandeln

1 Mehl, Butter, Zucker, Vanillezucker und Eigelbe mit den Knethaken zu einem glatten Teig verarbeiten. In Frischhaltefolie wickeln und ca. 30 Minuten kühl stellen.

2 Den Backofen auf 200 °C (Gas Stufe 3, Umluft 180 °C) vorheizen. Das Backblech einfetten und mit Mehl bestäuben. Den Teig auf dem Blech ausrollen und mit einer Gabel mehrfach einstechen. Im heißen Backofen 5–7 Minuten backen.

3 Inzwischen den Rhabarber waschen, putzen, schälen und in kleine Stücke schneiden und mit 100 g Zucker bestreuen. Kurz durchziehen lassen.

4 Den Kuchenboden aus dem Backofen nehmen. Die Temperatur des Backofens auf 250 °C (Gas Stufe 5, Umluft 220 °C) erhöhen. Den Rhabarber auf dem vorgebackenen Boden verteilen und das Ganze nochmals 15–20 Minuten backen, bis der Rhabarber weich ist.

5 Inzwischen die Eiweiße steif schlagen, dabei die restlichen 100 g Zucker einrieseln lassen. Die gemahlenen Mandeln mithilfe eines Rührbesens vorsichtig unter den Eischnee heben.

6 Die Eischneemasse auf dem heißen Kuchen verteilen und 8–10 Minuten backen, bis die Baisermasse leicht gebräunt ist.

Nuss-Donauwelle

FÜR DEN TEIG

250 g Butter
200 g Zucker
1 Pck. Vanillezucker
4 Eier
350 g Mehl
1 Pck. Backpulver
6 EL Milch
100 g gemahlene Haselnüsse
1–2 EL Kakao

FÜR DEN BELAG

500 g Sahne
2 Pck. Sahnesteif
1 Pck. Vanillezucker
1 Pck. Giottokugeln (154 g, Hasel-
nusskonfekt)

FÜR DEN GUSS

100 g Vollmilchschokolade
100 g Zartbitterschokolade
50 g Kokosfett

AUSSERDEM

1 Glas Sauerkirschen
100 g Sahne
24 Giotto-Kugeln

1 Backofen auf 175 °C (Gas 2, Umluft 150 °C) vorheizen. Eine Fettpfanne einfetten. Sauerkirschen in einem Sieb abtropfen lassen.

2 Butter, Zucker und Vanillezucker schaumig rühren. Eier nach und nach unterrühren. Mehl und Backpulver mischen, sieben und nach und nach unterrühren.

3 Die Hälfte des Teigs in der Fettpfanne verteilen. Milch, Haselnüsse und Kakao zum restlichen Teig geben und verrühren. Diesen auf dem hellen Teig verteilen und die Sauerkirschen darauf setzen. Im heißen Backofen ca. 45 Minuten backen. Auskühlen lassen.

4 Für den Belag Sahne, Sahnesteif und Vanillezucker steif schlagen. Giotto-Kugeln mit den Schneebesen des elektrischen Rührgerätes zerkleinern und unter die Sahne heben. Die Nusssahne auf dem Boden verteilen und ca. 3 Stunden kühl stellen.

5 Schokolade zerkleinern und zusammen mit dem Kokosfett im Wasserbad schmelzen. Etwas abkühlen lassen und auf der Sahne verteilen. Evtl. mit einem Kuchenkamm wellenförmig verzieren. Fest werden lassen.

6 Kuchen in 24 Stücke schneiden. Sahne steif schlagen, in einen Spritzbeutel geben und einen Tupfer auf jedes Stück Kuchen setzen. Jeweils eine Giotto-Kugel daraufsetzen.

Haselnussschnitten

FÜR DEN TEIG

500 g Mehl
½ TL Backpulver
150 g Zucker
1 Prise Salz
250 g Butter
1 Ei

FÜR DEN BELAG

6 EL Himbeerkonfitüre
250 g Butter
200 g Zucker
600 g gemahlene Haselnüsse
1 Eigelb
1–2 EL Milch

1 Mehl, Backpulver, Zucker, Salz, Butter und Ei mit den Knethaken des Handrührgeräts zu einem glatten Mürbeteig verkneten. Ca. 30 Minuten kühl stellen.

2 Das Backblech einfetten. Gut ⅔ des Teiges auf einer bemehlten Arbeitsfläche ausrollen und auf das Blech legen. Konfitüre erwärmen und den Teig damit bestreichen.

3 Butter mit 60 ml Wasser aufkochen, Zucker und Nüsse unterrühren. Die Masse gleichmäßig auf dem Teig verteilen.

4 Backofen auf 175 °C (Gas Stufe 2, Umluft 160 °C) vorheizen. Den restlichen Teig ausrollen, mit einem Backrädchen oder einem Messer in Streifen schneiden und gitterförmig auf die Haselnussmasse legen.

5 Eigelb und Milch verquirlen und die Teigstreifen damit bestreichen. Im heißen Backofen 20–30 Minuten backen.

Eierlikör-Nusskuchen

FÜR DEN TEIG

225 g Butter
200 g Zucker
1 Pck. Vanillezucker
6 Eier
75 g Mehl
1 Pck. Backpulver
300 g gemahlene Haselnüsse

FÜR DEN BELAG

1 Glas angedickte Preiselbeeren (400 g)
750 g Sahne
3 Pck. Sahnesteif
100 ml Eierlikör
1 Pck. Dessertsauce Vanille-Geschmack
(ohne Kochen)

1 Backofen auf 175 °C (Gas 2, Umluft 150 °C) vorheizen. Eine Fettpfanne einfetten. Butter, Zucker und Vanillezucker schaumig rühren. Eier nach und nach unterrühren. Mehl und Backpulver mischen, sieben und abwechselnd mit den Haselnüssen unterrühren.

2 Den Teig in die Fettpfanne geben und glatt streichen. Im heißen Backofen 20–25 Minuten backen. Auskühlen lassen.

3 Preiselbeeren auf dem Boden verteilen. Sahne mit Sahnesteif steif schlagen und auf den Preiselbeeren verteilen. Eierlikör mit der Dessertsauce verrühren und auf die Sahne sprenkeln.

Mandelschnitten

FÜR DEN TEIG

400 g Mehl
250 g Butter
120 g Zucker
1 Pck. Vanillezucker
1 Prise Salz
2 Eier

FÜR DEN BELAG

6 Eier
200 g Zucker
3–4 EL Amaretto
etwas Zimt
300 g gemahlene Mandeln
1 Prise Salz

FÜR DIE GLASUR

50 g Mandelblättchen
200 g Puderzucker
2 TL Kakao
2–3 TL Amaretto

1 Backofen auf 175 °C (Gas Stufe 2, Umluft 160 °C) vorheizen. Eine Fettpfanne einfetten. Mehl, Butter, Zucker, Vanillezucker, Salz und Eier zu einem Knetteig verarbeiten. In der Fettpfanne ausrollen und mit einer Gabel mehrmals einstechen. Im heißen Backofen ca. 10 Minuten backen.

2 Inzwischen für den Belag Eier trennen. Eigelbe mit Zucker schaumig rühren. Amaretto, Zimt und Mandeln unterrühren. Eiweiße und Salz steif schlagen und vorsichtig unter die Nussmasse heben. Auf den Boden geben und glatt streichen. Im Backofen weitere 15–20 Minuten backen. Auskühlen lassen.

3 Für die Glasur Mandelblättchen in einer Pfanne ohne Fett rösten und auskühlen lassen. Puderzucker und Kakao mischen und mit Amaretto und etwas Wasser zu einem Guss verrühren. Diesen auf den Kuchen streichen und mit den Mandelblättchen bestreuen. Trocknen lassen.

Johannisbeer-Nusskuchen

FÜR DEN TEIG

1 Ei
200 g Butter
125 g Zucker
1 Pck. Vanillezucker
375 g Mehl
2 gestrichene TL Backpulver
1–2 EL Milch

FÜR DEN BELAG

300 g gemahlene Haselnüsse
300 g Zucker
3–4 Tropfen Bittermandel-Aroma
7 Eiweiß
800 g rote Johannisbeeren

AUSSERDEM

Puderzucker zum Bestäuben

1 Den Backofen auf 175 °C (Gas 2, Umluft 150 °C) vorheizen. Das Backblech einfetten. Das Ei trennen. Das Eiweiß für den Belag aufheben. Eigelb, Butter, Zucker, Vanillezucker, Mehl, Backpulver und Milch zu einem Knetteig verarbeiten. Auf dem Backblech ausrollen.

2 Haselnüsse, 125 g Zucker, Bittermandel-Aroma und 4 Eiweiße verrühren, auf den Teig geben und mit einem Messer gleichmäßig verteilen. Im heißen Backofen ca. 25 Minuten backen.

3 Inzwischen Johannisbeeren waschen, abtropfen und von den Rispen lesen. Restliche 4 Eiweiße steif schlagen, dabei restlichen 175 g Zucker einrieseln lassen. Johannisbeeren vorsichtig unterheben.

4 Baisermasse auf dem Nussboden verteilen und nochmals bei gleicher Temperatur ca. 25 Minuten backen. Auskühlen lassen. Vor dem Servieren mit Puderzucker bestäuben.

Aprikosen-Nusskuchen

FÜR DEN TEIG

300 g Mehl
300 g gemahlene Wal- oder Haselnüsse
1 Prise Salz
150 g Zucker
2 Pck. Vanillezucker
400 g kalte Butter

FÜR DEN BELAG

1,5 kg reife Aprikosen
2 Pck. Vanille-Puddingpulver
1 l Milch
60 g Zucker

AUSSERDEM

200 g Aprikosenmarmelade

1 Für den Teig Mehl auf einer Arbeitsplatte mit Nüssen, Salz, Zucker und Vanillezucker vermengen. Butter in Stückchen schneiden und auf dem Mehl verteilen. Eine Mulde ins Mehl drücken und 2–4 EL kaltes Wasser hineingeben. Alles rasch mit kalten Händen verkneten, kleine Butterstückchen dürfen noch zu sehen sein. Teig in Folie wickeln und kühl stellen.

2 Das Backblech einfetten. Backofen auf 180 °C (Gas Stufe 2–3, Umluft 160 °C) vorheizen. Für den Belag Aprikosen waschen, halbieren und entkernen. Pudding nach Packungsanweisung mit Milch und Zucker zubereiten.

3 Den Teig in Blechgröße nicht zu dünn ausrollen, auf das Blech legen und einen Backrahmen passend darauf stellen, überstehende Ränder abschneiden. Pudding auf den Teig geben und verteilen. Aprikosenhälften darauf verteilen.

4 Kuchen im heißen Backofen 25–30 Minuten backen. Abkühlen lassen. Aprikosenmarmelade mit wenig Wasser erwärmen, mit einem Schneebesen glatt rühren oder durch ein Sieb streichen. Den Kuchen damit bestreichen.

Nuss-Kirschkuchen

FÜR DEN TEIG

5 Eier
180 g Zucker
1 Pck. Vanillezucker
250 ml Baileys
250 ml neutrales Öl
300 g Mehl
1 Pck. Backpulver
200 g gemahlene Haselnüsse
2–3 EL Kakao

AUSSERDEM

2 Gläser Sauerkirschen (à 720 ml)
Puderzucker zum Bestäuben

1 Backofen auf 200 °C (Gas Stufe 3, Umluft 180 °C) vorheizen. Das Backblech einfetten. Sauerkirschen in einem Sieb abtropfen lassen.

2 Eier, Zucker und Vanillezucker schaumig rühren. Baileys und Öl nach und nach unterrühren. Mehl und Backpulver mischen, sieben und nach und nach unterrühren. Haselnüsse unterrühren.

3 Zwei Drittel des Teigs auf das Blech geben und glatt streichen. Den restlichen Teig mit dem Kakao mischen, in einen Spritzbeutel mit Lochtülle füllen und diagonal verlaufende Streifen auf den hellen Teig spritzen.

4 Sauerkirschen dicht an dicht auf die dunklen Streifen setzen. Im heißen Backofen ca. 25 Minuten backen. Auskühlen lassen und vor dem Servieren mit Puderzucker bestäuben.

Bienenstich mit Erdbeeren

Für den Teig

500 g Mehl
1 ½ Pck. Trockenhefe
1 Pck. Vanillezucker
1 Prise Salz
1 Ei
250 ml lauwarme Milch
100 g weiche Butter

Für den Belag

150 g Butter
100 g Zucker
1 Pck. Vanillezucker
1–2 EL Honig
3 EL Sahne
150 g gehobelte Mandeln

Für die Füllung

750 g Erdbeeren
1 Pck. gemahlene Gelatine
500 ml Milch
100 g Zucker
1 Pck. Mandelpuddingpulver
800 ml Sahne
4 Pck. Sahnesteif
200 g gemahlene Mandeln

1 Aus Mehl, Trockenhefe, Vanillezucker, Salz, Ei, Milch und Butter einen Hefeteig herstellen und diesen zugedeckt an einem warmen Ort, am besten im Backofen bei 30 °C, ca. 45 Minuten gehen lassen.

2 Für den Belag Butter in einem Topf schmelzen. Zucker, Vanillezucker, Honig und Sahne einrühren und unter Rühren kurz aufkochen lassen. Gehobelte Mandeln unterrühren und das Ganze unter gelegentlichem Rühren abkühlen lassen.

3 Eine Fettpfanne einfetten. Hefeteig nochmals durchkneten und auf Blechgröße ausrollen. In die Fettpfanne legen. Mandelmasse auf dem Teig verteilen und den Teig nochmals ca. 15 Minuten gehen lassen.

4 Inzwischen Backofen auf 200 °C (Gas Stufe 3, Umluft 180 °C) vorheizen. Kuchen 12–15 Minuten im heißen Ofen backen. Nach dem Auskühlen den Kuchen in 16 Stücke schneiden. Die Stücke einzeln quer halbieren und die Unterseite wieder aufs Blech legen. Die Oberteile in der jeweiligen Reihenfolge auf Backpapier auslegen.

5 Für die Füllung Erdbeeren waschen, putzen und halbieren. Gelatine laut Packungsanweisung einweichen und quellen lassen. Aus Milch, Zucker und Puddingpulver einen Pudding kochen. Gelatine schmelzen und zu dem Pudding geben und unterrühren. Abkühlen lassen.

6 Sahne und Sahnesteif in mehreren Portionen steif schlagen und zusammen mit den gemahlenen Mandeln unter den Pudding heben. Die Erdbeeren auf den Kuchenunterseiten verteilen und die Creme darauf streichen. Die Oberteile wieder entsprechend auf die Creme legen und den Kuchen mindestens 3 Stunden (am besten über Nacht) kühl stellen.

Macadamia-Dreiecke

FÜR DEN TEIG

300 g Zartbitterschokolade
250 g Butter
300 g Macadamianusskerne
300 g brauner Zucker
1 Pck. Vanillezucker
7 Eier
320 g Mehl
½ Pck. Backpulver
1 Prise Salz
1 Prise Zimt

AUSSERDEM

100 g weiße Kuvertüre

1 Zartbitterschokolade grob hacken und zusammen mit der Butter in einem Topf bei schwacher Hitze schmelzen. Nusskerne in einer beschichteten Pfanne rösten. Etwas abkühlen lassen und grob hacken.

2 Backofen auf 175 °C (Gas 2, Umluft 150 °C) vorheizen. Fettpfanne einfetten. Schokoladenbutter mit Zucker und Vanillezucker verrühren. Eier nach und nach unterrühren. Mehl, Backpulver, Salz und Zimt mischen, sieben und nach und nach unterrühren. Gehackte Macadamianüsse unterheben.

3 Den Teig auf das gefettete Blech geben und glatt streichen. Im heißen Backofen 20–25 Minuten backen. Auskühlen lassen.

4 Die Kuvertüre schmelzen. In einen Gefrierbeutel geben, eine kleine Spitze abschneiden und den Kuchen damit verzieren. Kühl stellen. Kuchen in Dreiecke schneiden.

Dunkler Karotten-Mandelkuchen

FÜR DEN TEIG

500 g Möhren
150 g Zartbitterschokolade
250 g Butter
200 g Zucker
1 Prise Salz
1 Pck. Vanillezucker
5 Eier
300 g Mehl
1 Pck. Backpulver
2–3 EL Kakao
½ TL Zimt
2 EL Rum
5 EL Milch
abgeriebene Schale ½ Zitrone
200 g gemahlene Mandeln

FÜR DEN GUSS

200 g Aprikosenkonfitüre
300 g Puderzucker
6–7 EL Zitronensaft

1 Möhren fein raspeln. Zartbitterschokolade fein hacken. Backofen auf 180 °C (Gas Stufe 2–3, Umluft 160 °C) vorheizen. Eine Fettpfanne einfetten.

2 Butter, Zucker, Salz und Vanillezucker schaumig rühren. Eier nach und nach unterrühren. Mehl, Backpulver, Kakao und Zimt mischen, sieben und nach und nach unterrühren. Rum, Milch und Zitronenschale ebenfalls unterrühren. Zum Schluss die gemahlenen Mandeln sowie die geraspelten Möhren und die Schokolade unterrühren.

3 Teig in die Fettpfanne geben und glatt streichen. Im heißen Backofen 35–40 Minuten backen. Anschließend die Aprikosenkonfitüre glatt rühren und auf den noch heißen Kuchen streichen.

4 Puderzucker und Zitronensaft zu einem Guss verrühren und auf der Konfitüre verteilen. Fest werden lassen.

Mit leckerem
Marzipan und
Nougat

Apfel-Marzipan-kuchen

Für den Teig

250 g weiche Butter
150 g Zucker
1 Pck. Vanillezucker
1 EL Calvados oder Apfelsaft
1 Prise Salz
3 Eier
300 g Mehl
1 TL Backpulver
150 g gemahlene Walnüsse

Für den Belag

2 unbehandelte Zitronen
200 g Marzipan-Rohmasse
200 g Sahne
3 Eier
20 g Speisestärke
1 ½ kg Äpfel (Braeburn oder Cox Orange)

Ausserdem

100 g gehackte Walnüsse

1 Das Backblech einfetten. Für den Belag Zitronen waschen, abtrocknen und die Schale abreiben. Saft auspressen. Marzipan-Rohmasse würfeln und mit der Sahne in einem Topf aufkochen und mit einem Schneebesen glatt rühren. Abkühlen lassen.

2 Eier nach und nach in die Marzipanmasse einrühren, Zitronenschale hinzugeben. Speisestärke mit etwas Wasser glatt rühren und einrühren. Äpfel schälen, vierteln und das Kerngehäuse entfernen. Die Wölbung spaltenartig ein-, aber nicht durchschneiden. Mit Zitronensaft beträufeln.

3 Backofen auf 190 °C (Gas Stufe 2–3, Umluft 170 °C) vorheizen. Für den Teig Butter, Zucker und Vanillezucker schaumig rühren. Calvados und Salz einrühren. Eier nach und nach einrühren. Mehl und Backpulver mischen, sieben und abwechselnd mit den Walnüssen einrühren.

4 Den Teig auf das Backblech geben und glatt streichen. Marzipanmasse darüber verteilen. Äpfel mit der Wölbung nach oben auf die Marzipanmasse geben und mit den gehackten Walnüssen bestreuen. Kuchen im heißen Backofen ca. 40 Minuten backen, bis die Oberfläche goldgelb gebräunt ist.

Marzipan-Hefezopf

FÜR DEN TEIG

500 g Mehl
1 Pck. Trockenhefe
75 g Zucker
1 Prise Salz
80 g Butter
abgeriebene Schale ½ Zitrone
250 ml lauwarme Milch

FÜR DIE FÜLLUNG

200 g Marzipan-Rohmasse
150 g gemahlene Walnüsse
2 Eiweiße
2 EL Zucker
2 EL Rum

AUSSERDEM

50 g Puderzucker
1–2 EL Wasser

1 Aus den Teigzutaten einen Hefeteig kneten und diesen auf doppelte Größe aufgehen lassen. Dies geht besonders gut im Backofen bei ca. 30 °C.

2 Die Marzipan-Rohmasse in kleine Stücke schneiden und zusammen mit den Nüssen, den Eiweißen, Zucker und Rum mithilfe eines elektrischen Rührgerätes zu einer homogenen Masse verarbeiten.

3 Den Teig auf ca. 50 x 40 cm ausrollen und die Nuss-Marzipan-Füllung darauf streichen. Teig von der langen Seite her aufrollen und mithilfe eines Messers der Länge nach halbieren. Die beiden Stränge zu einem Zopf verschlingen.

4 Den Zopf auf ein mit Backpapier belegtes Backblech legen und nochmals ca. 15 Minuten gehen lassen. Inzwischen den Backofen auf 200 °C (Gas Stufe 3, Umluft 180 °C) vorheizen.

5 Den Zopf im heißen Backofen ca. 30 Minuten backen. Sollte er zu dunkel werden, mit Alufolie abdecken oder die Backofentemperatur reduzieren.

6 Puderzucker mit Wasser verrühren und den Guss auf den noch heißen Kuchen streichen.

Tipp

Um einen Marzipan-Mohnzopf herzustellen, verrühren Sie als Füllung 200 g Marzipan-Rohmasse mit 1 Packung Mohnback.

Mohn-Aprikosenkuchen

FÜR DEN TEIG

200 g Marzipan-Rohmasse
1 Pck. Mohnback (250 g)
250 g Margarine
225 g Zucker
2 Pck. Vanillezucker
6 Eier
300 g Mehl
75 g Speisestärke
1 Pck. Backpulver
200 g Schmand
200 g gemahlene Mandeln

AUSSERDEM

1 Dose Aprikosen (820 g Füllmenge)
Puderzucker zum Bestäuben

1 Die Marzipan-Rohmasse grob raspeln und mit dem Mohnback verrühren. Aprikosen in einem Sieb abtropfen lassen. Backofen auf 175 °C (Gas Stufe 2, Umluft 150 °C) vorheizen. Eine Fettpfanne einfetten.

2 Margarine, Zucker und Vanillezucker verrühren. Eier nach und nach unterrühren. Mehl, Speisestärke und Backpulver mischen, sieben und abwechselnd mit dem Schmand und den gemahlenen Mandeln unterrühren.

3 Den Teig in die Fettpfanne geben und glatt streichen. Aprikosen mit der Wölbung nach unten auf dem Teig verteilen. Mohn-Marzipan-Masse mithilfe von 2 Teelöffeln in die Vertiefung der Aprikosen geben. Dabei die Löffel immer wieder in Wasser tauchen. Im heißen Backofen 35–40 Minuten backen. Abkühlen lassen. Vor dem Servieren mit Puderzucker bestäuben.

Kirschkuchen mit Marzipanguss

FÜR DEN TEIG

250 g weiche Margarine
200 g Zucker
4 Eier
abgeriebene Schale von 1 unbehandelten Zitrone
1 Prise Salz
400 g Mehl
2 gestr. TL Backpulver
2 EL Kakao
4–6 EL Milch

FÜR DEN BELAG

2 Gläser Sauerkirschen (à 720 ml)

FÜR DEN GUSS

200 g Marzipan-Rohmasse
2 Eigelbe
1 Pck. Vanille-Puddingpulver
50 g Zucker
200 g Sahne

AUSSERDEM

Butter und Semmelbrösel für das Blech
Puderzucker zum Bestäuben

1 Backofen auf 175 °C (Gas Stufe 2, Umluft 160 °C) vorheizen. Das Backblech einfetten und mit Semmelbröseln ausstreuen. Sauerkirschen in einem Sieb abtropfen lassen.

2 Für den Teig Margarine und Zucker schaumig rühren. Eier nach und nach unterrühren. Zitronenschale und Salz ebenfalls unterrühren.

3 Mehl, Backpulver und Kakao mischen, sieben und abwechselnd mit der Milch unterrühren. Teig auf das Blech geben und glatt streichen. Sauerkirschen darauf verteilen.

4 Für den Guss Marzipan-Rohmasse, Eigelbe, Puddingpulver, Zucker und Sahne zu einer geschmeidigen Masse verarbeiten und gleichmäßig auf die Kirschen streichen. Kuchen im heißen Backofen 45–50 Minuten backen. Abkühlen lassen. Vor dem Servieren mit Puderzucker bestäuben.

Marzipan-Nussecken

FÜR DEN TEIG

300 g Mehl
½ TL Backpulver
125 g Butter
50 g Zucker
1 Ei
1 Prise Salz

FÜR DEN BELAG

400 g gemahlene Haselnüsse
200 g Marzipan-Rohmasse
150 g Butter
100 g Schmand
200 g Zucker
1 Pck. Vanillezucker
2–3 Tropfen Bittermandel-Aroma

AUSSERDEM

150 g Zartbitterkuvertüre
150 g weiße Kuvertüre

1 Mehl und Backpulver mischen und in eine Schüssel sieben. Zusammen mit der Butter, Zucker, Ei und Salz zu einem glatten Teig verkneten und ca. 30 Minuten kühl stellen.

2 Inzwischen Haselnüsse in einer beschichteten Pfanne rösten und abkühlen lassen. Die Marzipan-Rohmasse grob raspeln. Butter in einem Topf zerlassen. Schmand, Zucker und Vanillezucker dazugeben und alles aufkochen lassen. Vom Herd nehmen und Haselnüsse, Marzipanraspel und Bittermandel-Aroma unterrühren.

3 Den Backofen auf 175 °C (Gas Stufe 2, Umluft 150 °C) vorheizen. Das Backblech einfetten. Den Teig darauf gleichmäßig ausrollen. Die Nussmasse darauf geben, verteilen und glatt streichen. Im heißen Backofen ca. 20 Minuten backen. Auskühlen lassen.

4 Den Kuchen zuerst in Quadrate und anschließend in Dreiecke schneiden. Jeweils die Kuvertüre erhitzen und die Spitzen der einen Hälfte der Nussecken in dunkle die der anderen Hälfte in weiße Kuvertüre tauchen.

Marzipan-Butterkuchen

FÜR DEN TEIG

375 g Mehl
1 Pck. Trockenhefe
50 g Zucker
1 Pck. Vanillezucker
1 Prise Salz
150 ml lauwarme Milch
50 g zerlassene Butter

FÜR DEN GUSS

200 g Marzipan-Rohmasse
200 g Butter
125 g Zucker
125 ml Sahne
200 g Haselnussblättchen

AUSSERDEM

100 g Haselnussblättchen

1 Mehl in eine Schüssel sieben und zusammen mit den restlichen Teigzutaten zu einem glatten Hefeteig verkneten. Abgedeckt an einem warmen Ort ca. 40 Minuten auf doppelte Größe aufgehen lassen.

2 Das Backblech einfetten. Den Teig auf Backblechgröße ausrollen und auf das Blech legen. Nochmals etwa 15 Minuten gehen lassen.

3 Inzwischen die Marzipan-Rohmasse grob raspeln. Die Butter in einem Topf zerlassen, Marzipanraspeln und Zucker hinzugeben und glatt rühren. Sahne einrühren und zum Schluss die Haselnussblättchen unterrühren. Etwas abkühlen lassen.

4 Den Backofen auf 200 °C (Gas Stufe 3, Umluft 180 °C) vorheizen. Die Marzipan-Nuss-Masse auf dem Teig verteilen und mit 100 g Haselnussblättchen bestreuen. Den Kuchen im heißen Backofen ca. 30 Minuten backen.

Tipp

Mit 200 g Johannisbeeren wird der Butterkuchen zum fruchtigen Erlebnis. Einfach die gewaschenen Beeren auf den Teig geben und anschließend die Marzipan-Nuss-Masse darauf verteilen.

Marzipan-Nuss-Sahneschnitten

FÜR DEN TEIG

300 g Margarine
200 g Zucker
2 Pck. Vanillezucker
1 Prise Salz
6 Eier
350 g Mehl
1 Pck. Backpulver
200 g gemahlene Haselnüsse
75 ml Milch

FÜR DEN BELAG

150 g gemahlene Haselnüsse
500 ml Schlagsahne
2 Pck. Sahnesteif
1 Pck. Vanillezucker
400 g Marzipan-Rohmasse
100 g Puderzucker

AUSSERDEM

200 ml Schlagsahne
1 Pck. Sahnesteif
1 Pck. Vanillezucker
24 Haselnusskerne

1 Backofen auf 175 °C (Gas Stufe 2, Umluft 150 °C) vorheizen. Eine Fettpfanne einfetten.

2 Margarine, Zucker, Vanillezucker und Salz schaumig rühren. Eier nach und nach unterrühren. Mehl und Backpulver mischen, sieben und abwechselnd mit den Haselnüssen und der Milch unterrühren.

3 Den Teig in die Fettpfanne geben, glatt streichen und im heißen Backofen 30–35 Minuten backen. Auskühlen lassen.

4 Inzwischen die Haselnüsse für den Belag in einer beschichteten Pfanne rösten und auskühlen lassen. Sahne zusammen mit Sahnesteif und Vanillezucker steif schlagen. Abgekühlte Haselnüsse unterrühren. Sahne auf dem Teig verteilen und glatt streichen.

5 Marzipan-Rohmasse mit Puderzucker verkneten und auf Blechgröße ausrollen. Dies geht gut zwischen 2 Backpapieren. Ein Backpapier abziehen und mithilfe des zweiten Papiers die Marzipanplatte auf die Sahneschicht legen.

6 Den Kuchen in 24 Stücke schneiden. Sahne, Sahnesteif und Vanillezucker steif schlagen, in einen Spritzbeutel geben und einen Sahnetuff auf jedes Stück spritzen. Jeweils 1 Haselnusskern auf einen Sahnetuff setzen.

Zwetschgen-Marzipankuchen

FÜR DEN TEIG

200 g Marzipan-Rohmasse
250 g weiche Butter
225 g Zucker
1 Pck. Vanillezucker
4 Eier
225 g Mehl
100 g Speisestärke
3 TL Backpulver
2–3 EL Amaretto

FÜR DEN BELAG

1 ½ kg Zwetschgen
100 g Mandelstifte

AUSSERDEM

Puderzucker zum Bestäuben

1 Zwetschgen waschen, halbieren und entkernen. Für den Teig Marzipan-Rohmasse in kleine Würfel schneiden. Das Backblech einfetten und den Backofen auf 175 °C (Gas Stufe 2, Umluft 150 °C) vorheizen.

2 Butter, Zucker, Vanillezucker und Marzipanwürfel schaumig rühren. Nach und nach die Eier unterrühren. Mehl, Speisestärke und Backpulver mischen, sieben und abwechselnd mit dem Amaretto unterrühren.

3 Den Teig auf das gefettete Backblech geben und glatt streichen. Die Zwetschgen darauf verteilen und mit den Mandelstiften bestreuen. Im heißen Backofen 40–50 Minuten backen. Sollte der Kuchen zu dunkel werden, decken Sie ihn mit Alufolie ab. Auskühlen lassen. Kurz vor dem Servieren mit Puderzucker bestäuben.

Apfel-Nougat-Streuselkuchen

FÜR DEN TEIG

250 g Butter
175 g Zucker
2 Pck. Vanillezucker
5 Eier
300 g Mehl
3 TL Backpulver
150 g gemahlene Haselnüsse

FÜR DEN BELAG

200 g Nougat
5 Äpfel (ca. 900 g)
Saft einer Zitrone

FÜR DIE STREUSEL

300 g Mehl
200 g Butter
150 g Zucker
1 Prise Zimt

AUSSERDEM

50 g Haselnussblättchen
Puderzucker zum Bestäuben

1 Nougat über Nacht kühl stellen. Backofen auf 175 °C (Gas Stufe 2, Umluft 150 °C) vorheizen. Eine Fettpfanne einfetten. Äpfel schälen, entkernen, achteln und in kleine Stücke schneiden. Mit dem Zitronensaft beträufeln. Nougat in kleine Würfel schneiden.

2 Für die Streusel Mehl, Butter, Zucker und Zimt miteinander verkneten und mit den Händen zu Streuseln verarbeiten.

3 Butter, Zucker und Vanillezucker schaumig rühren. Eier nach und nach unterrühren. Mehl und Backpulver mischen, sieben und abwechselnd mit den Haselnüssen unterrühren.

4 Den Teig in die Fettpfanne geben und glatt streichen. Äpfel darauf verteilen und anschließend die Nougatwürfel auf den Äpfeln verteilen. Die Streusel darauf verteilen und die Haselnussblättchen darüber geben. Kuchen im heißen Backofen 50–60 Minuten backen. Auskühlen lassen und vor dem Servieren mit Puderzucker bestäuben.

Bananen-Nougat-Rolle

Für den Teig

4 Eier
100 g Zucker
1 Pck. Vanillezucker
1 Prise Salz
70 g Mehl
30 g Speisestärke
1 Msp. Backpulver

Für die Füllung

100 g Nuss-Nougat-Creme
2 Bananen
1 EL Zitronensaft
300 ml Sahne
1 Pck. Sahnesteif
2 EL Eiskaffeepulver (Instant)

Ausserdem

Puderzucker zum Bestäuben

1 Den Backofen auf 200 °C (Gas Stufe 3, Umluft 180 °C) vorheizen. Das Backblech mit Backpapier auslegen. Eier trennen. Eigelbe, Zucker, Vanillezucker und 4 EL heißes Wasser zu einer cremigen Masse rühren. Eiweiße und Salz steif schlagen und vorsichtig unterheben. Mehl, Speisestärke und Backpulver mischen, auf die Eiercreme sieben und ebenfalls vorsichtig unterheben.

2 Den Biskuitteig auf das Backblech geben und glatt streichen. Im heißen Backofen etwa 12 Minuten backen. Anschließend auf ein feuchtes Geschirrtuch stürzen und das Backpapier abziehen. Biskuitplatte von der langen Seite her zusammen mit dem Geschirrtuch aufrollen und etwas abkühlen lassen.

3 Nuss-Nougat-Creme erwärmen. Rolle öffnen und Nougatcreme darauf streichen. Bananen schälen, klein würfeln und mit dem Zitronensaft beträufeln. Auf der Nougatcreme verteilen. Sahne, Sahnesteif und Eiskaffeepulver steif schlagen und auf die Bananen geben. Biskuitteig wieder aufrollen und kühl stellen. Vor dem Servieren mit Puderzucker bestäuben.

Nougat-Sahneschnitten

FÜR DEN TEIG

250 g Butter
200 g Zucker
1 Pck. Vanillezucker
1 Prise Salz
6 Eier
250 g Mehl
2 TL Backpulver
2–3 EL Kakao
50 g Schokostreusel

FÜR DEN BELAG

800 ml Sahne
180 g Nuss-Nougat-Creme
100 g Mandelblättchen
2 Pck. Sahnesteif

1 Am Vortag für den Belag Sahne aufkochen, vom Herd nehmen und die Nuss-Nougat-Creme mithilfe eines Schneebesens einrühren, bis sie vollständig gelöst ist. Klarsichtfolie darauf geben und über Nacht kühl stellen.

2 Backofen auf 175 °C (Gas Stufe 2, Umluft 150 °C) vorheizen. Eine Fettpfanne einfetten. Für den Teig Butter, Zucker, Vanillezucker und Salz schaumig rühren. Eier nach und nach unterrühren. Mehl, Backpulver und Kakao mischen, sieben und nach und nach unterrühren. Schokostreusel ebenfalls unterrühren.

3 Den Teig in die gefettete Fettpfanne geben, glatt streichen und im heißen Backofen ca. 25 Minuten backen. Auskühlen lassen.

4 Für den Belag die Mandelblättchen in einer beschichteten Pfanne rösten und anschließend abkühlen lassen. Die Nuss-Nougat-Sahne mit Sahnesteif steif schlagen und auf dem Boden verteilen. Mandelblättchen darauf verteilen.

Nougat-Schokokuchen

FÜR DEN TEIG

250 g Nougatschokolade
250 g Butter
5 Eier
125 g Zucker
1 Pck. Vanillezucker
1 Prise Salz
100 g Mehl
1 Pck. Backpulver
2–3 EL Kakao
200 g gemahlene Mandeln

FÜR DIE GLASUR

100 g Nougatschokolade
100 g Zartbitterkuvertüre
50 g Kokosfett

AUSSERDEM

300 g Brombeerkonfitüre

1 Für den Teig die Nougatschokolade zerkleinern und zusammen mit der Butter im Wasserbad schmelzen. Etwas abkühlen lassen.

2 Backofen auf 175 °C (Gas Stufe 2, Umluft 150 °C) vorheizen. Eine Fettpfanne einfetten. Eier trennen. Eigelbe, Zucker, Vanillezucker und Salz schaumig schlagen. Lauwarme Schokoladen-Butter-Mischung einrühren. Mehl, Backpulver und Kakao mischen, sieben und nach und nach unterrühren.

3 Eiweiße steif schlagen und zusammen mit den Mandeln vorsichtig unterheben. Teig in die Fettpfanne geben und glatt streichen. Im heißen Backofen ca. 30 Minuten backen. Konfitüre erwärmen, durch ein Sieb streichen und auf dem noch heißen Kuchen verteilen. Auskühlen lassen.

4 Für die Glasur Schokolade und Kuvertüre zerkleinern. Zusammen mit dem Kokosfett im Wasserbad schmelzen lassen und auf dem Kuchen verteilen. Fest werden lassen.

Adventsbrot

FÜR 2 LAIBE

FÜR DEN TEIG

300 g Mandelkerne
200 g Haselnusskerne
100 g Zartbitterschokolade
200 g Nougat
5 Eier
500 g Puderzucker
1 Prise Salz
1 TL Hirschhornsalz
1 TL Zimt
1 Msp. gemahlene Nelken
1 Msp. gemahlenen Kardamom
abgeriebene Schale von Orange und
Zitrone
700 g Mehl

AUSSERDEM

Puderzucker zum Bestäuben

1 Nougat über Nacht kühl stellen. Mandel- und Haselnusskerne und Schokolade grob hacken. Nougat in kleine Würfel schneiden. Backofen auf 200 °C (Gas Stufe 3, Umluft 180 °C) vorheizen. Das Backblech mit Backpapier auslegen.

2 Eier, Puderzucker und Salz mit den Schneebesen des Rührgeräts schaumig rühren. Hirschhornsalz, Gewürze und abgeriebene Schale unterrühren. Gehackte Nüsse, Schokolade und Nougat unterrühren. Mehl sieben und portionsweise mit den Knethaken unterkneten.

3 Auf einer bemehlten Arbeitsfläche den Teig nochmals mit den Händen etwas zusammendrücken und zu einem Teig kneten. In 2 Stücke teilen und daraus jeweils ein Brot formen. Sichtbare Nougat- oder Schokostücke mit angefeuchteten Fingern nach innen drücken.

4 Brote auf das Backblech legen und im heißen Ofen ca. 45 Minuten backen. Sollten die Brote gegen Ende der Backzeit zu dunkel werden, diese mit Alufolie abdecken. Auskühlen lassen.

5 Die Brote einige Tage in Alufolie gewickelt aufbewahren, damit sie mürbe werden. Vor dem Servieren mit Puderzucker bestäuben.

Nougat-Rotweinkuchen mit Kirschen

FÜR DEN TEIG

250 g Butter
150 g Nougat
175 g Zucker
1 Pck. Vanillezucker
1 Prise Salz
5 Eier
250 g Mehl
1 Pck. Backpulver
2 EL Kakao
1 TL Zimt
⅛ l Rotwein
200 g gemahlene Haselnüsse
50 g Haselnussblättchen

AUSSERDEM

1 Glas Sauerkirschen (à 720 ml)
100 g weiße Kuvertüre

1 Den Backofen auf 180 °C (Gas Stufe 2–3, Umluft 160 °C) vorheizen. Das Backblech einfetten. Butter und Nougat langsam unter Rühren schmelzen und etwas abkühlen lassen. Sauerkirschen in einem Sieb abtropfen lassen.

2 Nougat-Butter, Zucker, Vanillezucker und Salz schaumig rühren. Eier trennen. Eigelbe nach und nach unterrühren. Mehl, Backpulver, Kakao und Zimt mischen, sieben und abwechselnd mit dem Rotwein und den gemahlenen Haselnüssen unterrühren. Eiweiße steif schlagen und unterheben.

3 Den Teig auf das gefettete Backblech geben und glatt streichen. Die Sauerkirschen darauf verteilen. Haselnussblättchen darauf streuen. Im heißen Backofen ca. 30 Minuten backen. Auskühlen lassen.

4 Kuvertüre im Wasserbad schmelzen, in einen Plastikbeutel geben, von diesen eine kleine Spitze abschneiden und den Kuchen damit besprenkeln.

ALPHABETISCHES REZEPTVERZEICHNIS

IMPRESSUM

1. Auflage
ISBN: 978-3-8094-3181-7

Umschlaggestaltung: Atelier Versen, Bad Aibling
Layout: Epsilon2, Mundelsheim
Fotos: Karl Newedel, München
Foodstyling: Karl Newedel, Christian Arsan
weitere Fotos: Bassermann Verlag: 9, 15, 21, 37, 41, 47, 55, 67 (Karl Newedel); Mosaik Verlag: 33 (Teubner), 73 (Köhnen); stockfood, München: U1, 19 (Harry Bischof); Südwest Verlag: 5 (Maike Jessen)
Bildredaktion: Sabine Kestler
Projektleitung: Birte Schrader

Die Ratschläge in diesem Buch sind von der Autorin und vom Verlag sorgfältig erwogen und geprüft, dennoch kann eine Garantie nicht übernommen werden. Eine Haftung der Autorin bzw. des Verlags und seiner Beauftragten für Personen-, Sach- und Vermögensschäden ist ausgeschlossen.

Satz: Nadine Thiel | kreativsatz, Baldham
Reproduktion: Artilitho snc, Lavis, Trento
Druck und Verarbeitung: Mohn media Mohndruck GmbH, Gütersloh

Printed in Germany

Verlagsgruppe Random House FSC® N001967
Das für dieses Buch verwendete FSC®-zertifizierte Papier *Profimatt* wurde produziert von Sappi Ehingen.

Das ideale Geschenk für alle Muffin-Freunde

Klein, aber oho! Jeder liebt Muffins, und jetzt gibt es sie für kleine und große Naschkatzen in Pralinenformat. Da macht das Zugreifen noch mehr Spaß. Als verführerisches Geschenk aus der Küche, für liebe Gäste oder den Kindergeburtstag - Mini-Muffins in allen Variationen sind heißbegehrt. Mit dem beiliegenden Blech können Sie sofort loslegen, um die köstlichen Minis an Mann, Frau und Kind zu bringen.

Luise Lilienthal

Mini-Muffins

Bassermann

Buch mit Backblech für 24 Mini-Muffins

Buch: 64 Seiten, durchgehend bebildert

ISBN 978-3-8094-3159-6

Erhältlich überall, wo es Bücher gibt

Bassermann
www.bassermann-verlag.de